Armin Münch

„GREIFSWALD APRIL 1945"

Graphikzyklus

(1985)

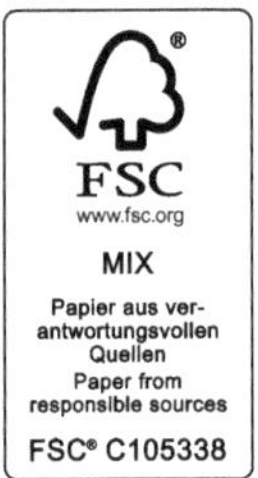

Text und Gestaltung: Dr. Monika Multhauf Greifswald 2020

ISBN: 978-3-7519-5958-2

Herstellung und Verlag: BoD, Books on Demand, Norderstedt

Vorbemerkungen

Die vorliegende Publikation geht von fünf Ansätzen aus:

1. Unter geschichtlichem Aspekt ist sie einzuordnen in das Erinnern an den 75. Jahrestag des Endes des II. Weltkrieges am 8. Mai 2020.
2. Die kampflose Übergabe der Stadt Greifswald an die Rote Armee am 30. April 1945 wird dabei in den Mittelpunkt gerückt, wobei es nicht Anliegen der Darstellung ist, historische Interpretationen und kontroverse Diskussionen zu bewerten und auszuloten.
3. Professor Armin Münch, der sich mit dem Geschehen im April 1945 akribisch beschäftigte, gestaltete 1985 zum 40. Jahrestag des Kriegsendes den Zyklus „Greifswald April 1945". Diesen gilt es, als herausragende künstlerische Leistung zu würdigen.
4. Die Darstellung ist eine Hommage an Armin Münch für seine künstlerische Arbeit und erinnert an seinen 90. Geburtstag am 1.Mai 2020.
5. Die Publikation soll es Geschichts-und Kunstinteressierten ermöglichen, sich dem bisher noch nicht veröffentlichen Graphikzyklus zu nähern.

Greifswald im April 1945:

Die Stadt ist überfüllt mit Flüchtlingen. In den Krankenhäusern und Lazaretten werden 10.000 verwundete Soldaten versorgt. Die Rote Armee steht vor den Toren der Stadt. Anklam und Stralsund versinken in Schutt und Asche. In Demmin und anderen Städten bringen sich Tausende um. Greifswald wird dagegen vor der Zerstörung bewahrt. Eine konspirative Gruppe vereinbart mit der Roten Armee die kampflose Übergabe der Stadt - entgegen dem strikten Verteidigungsbefehl des NS-Regimes.

(Unsere Geschichte – 29.04. 2020, Sebastian Becht, Nina Adler)

Eine Gruppe verschiedenster Vertreter der Stadt Greifswald unter maßgeblicher Leitung des Stadtkommandanten Oberst Petershagen und des Rektors der Universität Professor Engel begriff Ende April 1945 die Gefahr und Brisanz der Situation, reagierte spät aber nicht zu spät. Sie gingen ein Risiko in doppelter Hinsicht ein: So war es nicht kalkulierbar, wie sich andere Angehörige der Wehrmacht und der SS verhalten würde und ob der Zeitrahmen ausreichte, um der Offensive der bereits in Anklam stehenden Roten Armee zuvorzukommen und Kontakt zu sowjetischen Offizieren herzustellen und auf ihre Gesprächsbereitschaft zu hoffen. Aber sie riskierten alles, handelten und es gelang ihnen die kampflose Übergabe Greifswalds. Damit bewahrten Greifswalder Männer und Frauen die Stadt, ihre Bürger und Flüchtlinge vor Tod und Zerstörung.

Diesem Geschehen setzt der Graphiker Armin Münch mit seinem Zyklus „Greifswald April 1945" ein herausragendes künstlerisches Denkmal!

Zu den dramatischen Ereignissen Ende April 1945 werden zunächst einige Protagonisten zu Wort kommen:

- Professor Carl Engel, Rektor der Universität Greifswald

- Paul Grams, Hafenkommandant und Zollkommissar

- Oberst Rudolf Petershagen, Stadtkommandant von Greifswald

Professor Engel

„ Gegen 22 Uhr bei Katsch, wo wir verzweifelt 1 Stunde warteten. Endlich von Wurmbach, Zieslick, Dolmetscher zusammen. Wieder vergingen kostbare Minuten. Keine weiße Fahne. Frau Petershagen bringt Tuch und Besenstiel. 2 Wagen. Im Süden Feuerschein. Gerücht, die Russen bereits bei Gr. Kiesow und Behrenhoff. Ich drängte auf eilige Abfahrt. Meine Sorge, wenn wir zu spät kommen. Wenn Russen einen anderen Weg einschlagen? … Ich machte die weiße Fahne fertig…In schneller Fahrt passierten wir den Hanshäger Wald, fuhren an Gladrow vorbei…Lauschen: von Süden durch Wind donnerndes Rollen: Züge? Panzer?...Dann Weiterfahrt zunächst bis zur Wegkreuzung Möckow – Berg…Das Stadtinnere von Anklam war ein einziges Flammenmeer. Glühende Funkenregen prasselten gleich Hagelschauern über unsere Wagen. Über dem Flammenschein und dem Qualm der blutrot flammenden, zeitweilig von schwelenden Rauchwolken verdunkelten Häusern hoben sich von Zeit zu Zeit die gespenstischen Skelette der ausgebrannten Kirchen und ihrer enthelmten Türme ab…Erschaudernd dachte ich einen Augenblick daran, daß in wenigen Stunden Greifswald ebenso aussehen würde, wenn diese Fahrt nicht geglückt wäre.“

(„Die kampflose Übergabe der Stadt Greifswald“, Das Tagebuch des Rektors der Greifswalder Universität Professor Carl Engel, Landeszentrale für politische Bildung Mecklenburg – Vorpommern, Landeskundliche Hefte, Oktober 1993, S. 25 ff.)

Paul Grams

*„Die Erinnerungen des Hafenkommandanten Paul Grams an einen wichtigen Tag der
Stadtgeschichte"*

*Paul Grams war ab 1943 Hafenkommandant und Zollkommissar in Greifswald…
Nach diesem bisher unveröffentlichten Papier fuhr Grams am 29. April 1945 Richtung
Anklam, um die Fahrt der Parlamentäre für eine kampflose Übergabe der Stadt mit einem
zusätzlichen Auto abzusichern… Stadtkommandant Rudolf Petershagen hätte ihn
gebeten, unbedingt vor sechs Uhr wieder bei ihm zu sein, falls nicht die Abgesandten
früher zurück seien,… Gegen fünf Uhr kamen die Parlamentäre zurück. „Paul Grams traf
wie verabredet gegen sechs Uhr bei Petershagen in der Wohnung ein und erkannte mit
Erleichterung, dass die Parlamentäre Oberst Dr. Wurmbach und die Professoren Dr.
Engel und Dr.Katsch schon ihren Bericht erstatteten. Petershagen, so die Schuberts,
bestellte Grams anstelle seines Adjutanten Major Schönfeld, der diese Aufgabe wegen
eines geschienten Armes nicht erfüllen konnte, um 11 Uhr ins Rathaus…*

*Petershagen beauftragte seinen Adjutanten, Grams zum Rathaus zu fahren und das für
elf Uhr anberaumte Zeremoniell der Übergabe der Stadt in die Privatwohnung am
Pommerndamm umzudirigieren, … Mit weißem Stander am Auto fuhr Grams Richtung
Rathaus, wo sich schon eine Gruppe hoher sowjetischer Offiziere befand. Bürgermeister
Schmidt und Ratsherr Dr. Remertz waren anwesend, nur der Oberst Petershagen fehlte
„Es wurde bei Oberst Petershagen angerufen, dass er sich nun umgehend im Rathaus
einfinden möge. Bevor ihn Grams abholen konnte, fuhr Petershagen schon vor. „Grams
geleitete ihn, der nur mühsam am Stock zu gehen vermochte, ihn am Arm stützend, die
Treppe zum Obergeschoss hinauf. Dort wartete eine ganze Anzahl von Zivilpersonen auf
der Diele, um an dem Ereignis teilzunehmen…Oberst Petershagen hielt nach
militärischem Gruß eine ganz kurze Ansprache, in der er die Stadt, die Universität und die*

vielen in den Kliniken liegenden Verwundeten erwähnte. Mit wenigen Worten übergab er die Stadt an den General der Roten Armee, im Mittelpunkt stand die Bitte um Schonung der Stadt und ihrer Bürger. Dann legte er symbolisch bedeutsam seine Pistole ab. Der sowjetische General erwiderte in seiner Antwortrede, dass die beiderseits getroffenen Bedingungen der Übergabe eingehalten seien."
Dr. Wurmbach forderte dann im Auftrag Petershagens am Telefon den Kommandanten von Stralsund auf, seinem Beispiel zu folgen."

(Dr. Oberdörfer, Ostseezeitung vom 19.5.2015)

Rudolf Petershagen

„Wir besprachen die Zusammensetzung einer Parlamentärabordnung, die der Roten Armee die kampflose Übergabe der Stadt anbieten sollte. Wir kamen überein, daß Dr. Wurmbach als mein offizieller Vertreter Führer der Parlamentäre und Verhandlungsbevollmächtigter sein sollte. Er sprach und verstand zwar etwas Russisch; in dieser wichtigen Mission aber hielten wir einen perfekten Dolmetscher für unbedingt erforderlich. Hinzu käme noch Professor Engel als Vertreter der Zivilbevölkerung. Mit diesen dreien und einem Fahrer wäre dann ein Wagen gerade besetzt gewesen. Zur Sicherheit wollte ich aber einen zweiten Wagen mitschicken… Das gab die Möglichkeit, die Parlamentärdelegation zu erweitern. Dazu mußte ein weiterer Parlamentär gewonnen werden… Die Universität hatte seit nahezu 500 Jahren das Gesicht von Greifswald geprägt, war wirtschaftlicher und geistiger Mittelpunkt der Stadt,…
Ich schlug Professor Katsch vor. Er war mein Nachbar, und ich kannte ihn von den Professoren am längsten. Als Direktor der Medizinischen Klinik war er langjähriger Bürger der Stadt."
„Voller Zuversicht fuhren die beiden Delegationen durch die mondhelle Nacht in Richtung Anklam. Im Wald von Hanshagen – etwa zehn Kilometer südöstlich von Greifswald

machten sie kurz Rast. Dr. Wurmbach orientierte sich noch einmal anhand der Karte, um die Kreuzung bei Möckowberg auszumachen, wo ich auf Grund der militärischen Lage die vordersten sowjetischen Vorposten vermutete… An der Schmiede von Möckowberg hielten die Wagen noch einmal. Vor ihnen waren einige Gestalten aufgetaucht. Rotarmisten oder Deutsche? Dr. Wurmbach und Professor Engel stiegen aus und schwenkten die weiße Fahne. Plötzlich sahen sie sich von Rotarmisten umringt...Kurz darauf rollte ein sowjetischer Panzer heran, dem ein Major entstieg. Unser Dolmetscher rief ihm zu:" Hier sind deutsche Parlamentäre aus Greifswald! Nicht schießen!"…
Was war inzwischen hier(in Greifswald) geschehen? Den ganzen Sonntag über – es war der Tag vor der Übergabe- herrschte in der Stadtkommandantur Hochbetrieb. Der Bevölkerung hatte sich unter dem Eindruck des Geschützdonners und neuer Flüchtlingsströme aus der brennenden Stadt Anklam eine begreifliche Nervosität bemächtigt. Wilde Maßnahmen der kopflos gewordenen SA und HJ taten das Ihrige dazu. Sie bereiteten Brücken, Speicher und andere lebenswichtige Betriebe zur Sprengung oder Einäscherung vor. Wir hatten alle Hände voll zu tun, dieses zu verhindern… Um 5.00 Uhr morgens war es soweit. „Es ist geschafft!" Mit diesen Worten überbrachte mir Dr. Wurmbach glücksstrahlend die Annahme unseres Angebots der kampflosen Übergabe."

(Rudolf Petershagen, Gewissen in Aufruhr, Verlag der Nation, Berlin 1957, S. 50 ff., S. 63 ff.)

Anlässlich des 70. Jahrestages des Kriegsendes wurde eine Auswahl des Graphik-Zyklus 2015 im Greifswalder Rathaus zum ersten Mal öffentlich gezeigt (Armin Münch hatten seinen Zyklus im Mai 1994 der Stadt Greifswald als Geschenk übergeben.).

Wichtige Grundlage der Auseinandersetzung Armin Münchs mit den Ereignissen in Greifswald 1945 ist der autobiographische Bericht von Rudolf Petershagen.

Im Nachlass des Künstlers befindet sich dieser Bericht von Rudolf Petershagen mit zahlreichen handschriftlichen Notizen von Armin Münch.

(*„Gewissen in Aufruhr"*, *Verlag der Nation, Berlin 1957, 19. Auflage).*

Der Bericht erschien erstmalig im Jahr 1957, bis 1988 wurde er in 23 Auflagen herausgegeben.

Armin Münch, geboren am **1. Mai 1930** in Rabenau bei Dresden, gestorben am **21. August 2013** in Rostock, war ein bedeutender Graphiker der DDR. Er selbst bezeichnete sich als Zeichnerpoet.
Nach einer Lehre als graphischer Zeichner absolvierte er ein Studium an der Hochschule für Bildende Künste in Dresden und war dort Meisterschüler von Max Schwimmer und Hans Theo Richter.
1955 siedelte er nach Rostock über und lebte dort bis zu seinem Tod 2013.
Armin Münch war Meisterschüler für Graphik an der Akademie der Künste in Berlin, seit 1960 arbeitete er freischaffend. Er nahm verschiedene Lehraufträge an – so an der Kunsthochschule Weißensee in Berlin, an der Ernst-Moritz-Arndt-Universität in Greifswald und an der Universität in Rostock.

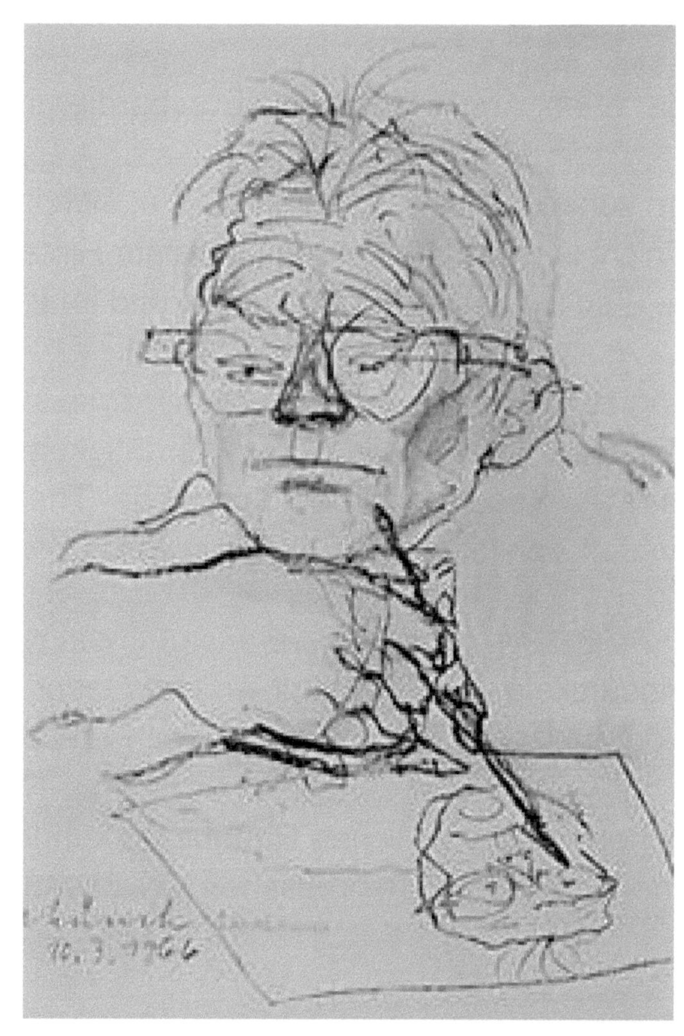

Selbstbildnis Armin Münch

Das Thema **„Krieg und Frieden"** zieht sich wie ein roter Faden durch sein künstlerisches Werk:

Als 15-Jähriger erlebt Armin Münch die Bombardierung Dresdens.

Und in seinem künstlerischen Schaffen stellt er sich immer wieder dieser Problematik, nicht in jedem Fall explizit, aber im Hintergrund spielt das Thema eine wichtige Rolle – so in seinem **Faust-Zyklus** und im **KKW-Zyklus**,

In Vorbereitung auf seinen geplanten Graphik-Zyklus **„Greifswald April 1945"** ließ sich Armin Münch ab 1985 von jeglicher Lehrtätigkeit entbinden und begann eine intensive Phase der Auseinandersetzung mit der Thematik, mit den historischen Ereignissen in den Apriltagen 1945 in Greifswald..

Neben Zeitungsartikeln und Fotographien und Gesprächen mit Zeitzeugen studierte er den autobiographischen Bericht von Rudolf Petershagen „Gewissen in Aufruhr".

Seine zahlreichen handschriftlichen Randbemerkungen geben Auskunft über die Intensität seiner detaillierten theoretischen Vorarbeiten:

Zyklus :

Idee: 24.4.1987, Greifswald

arbeitstitel =

„ Stadt und Universität Greifswald
im Frühling 1945 "/ ~~oder~~ »Gewissen
„ Geschehen in Greifswald "   und
(Conf. vor 3. Mai)   Wissen «

Arbeitsplan :

1. sämtliche Personen (im Buch gebildet;
   „ porträtieren " („charakterisieren") geschildert
                    „ typisieren "

2. wichtige Persönlichkeiten → ? Fotos)
   vom Foto her gestalten   → zu Prof. Mai
                          z.B.: Petershagen
                                Wurmfaß
                                Engele
                                Rathke
                                sowj. Dolmetsch
                                Pkw. + Führerschranz

3. wichtige
   „ Handlungen   } bildhaft
     Geschehnisse } komponieren
     Situationen " (nicht „ illustrieren "!)

4. mit eigenen Kriegserlebnissen
   in diese Zeit verbinden :
   (z.B.: Stalingrad → Zyklus
            Dresden
            Panzerfaustpimpf

5: Bildgestaltungen vertiefen
   (mephisto - faust'sch?)   keine bloßen oberflächl.
                                        Illustrationen

6. erste - große Zusammenhänge : gestalten
   z.B.: Seelower Höhen XX
         Führer-Bunker Berlin → Zeichnungen

7. Ziel : die Friedenssehnsucht →S.239

Die Auszüge aus dem Zeitzeugenbericht des **Hafenkommandanten Grams**, die Tagebuchaufzeichnungen des **Universitätsrektors Professor Engel** und die autobiographischen Aufzeichnungen von **Rudolf Petershagen** spiegeln die Explosivität der Ereignisse in diesen Apriltagen 1945 wider.

Armin Münch war gefesselt

    von der historischen Ausnahmesituation,
    von der Spannung für alle Beteiligten,
    von der Unwägbarkeit des Ausgangs der geplanten kampflosen Übergabe der Stadt Greifswald an die in Anklam stehender Roten Armee,
    von der Gefährlichkeit der Lage, der Unberechenbarkeit der Gegenspieler und dem Mut der Protagonisten!

Seine Graphiken in verschieden Techniken ausgeführt, erreichen eine außergewöhnliche Ausdrucksstärke

    - durch die expressive Überzeichnungen
    - durch die dynamische Linienführung
    - durch das Spiel mit Licht und Schatten.

Im Nachlass des Künstlers finden sich hinsichtlich der theoretischen Vorbereitung folgende Notizen:

Medien material

>Greifswald April 1945 «

Immer geht's um FRIEDEN FRIEDEN FRIEDEN
Dies Wort zwar abgegriffen, abgeschlachtet. - - -

1976 Komme ich nach Greifswald
Interessiere mich zur Greifswalder
Stadt - Historie
Lese Rudolf Petershagen: "Gewissen in Aufruhr"
Als Zeichner sehe ich darin sofort BILDER!
BILDER!!!
Sehe den KRIEG
den ich damals als 15 Jähriger erlebte

1985 Beginne ich die Entwürfe zum Zyklus
>Greifswald April 1945 «
Eigene ERLEBNISSE tauchen dabei auf:
Bomben auf Freital-Birket 27.8.1944
Bombennacht Dresden 13.2.1945
Panzersperrenbau Rabenau Badewiese
Luftschutzkeller
Tieffliegerangriffe (Jabos)

Artillerie grollt
April 1945 Die Stadt ⟨Greifswald⟩ droht im
Geschoßhagel zu versinken ....

Mein Zyklus-Zeichnen geschieht systematisch:
1. Das Studieren der Situationen; Dokumente
2. Das Sicheinfühlen in die Gedankenwelten
der Menschen, Soldaten,
3. Porträts gestalten   Wissenschaftler (Uni)
des Stadtkommandanten
4. Den Ablauf der Ereignisse im April 1945 aufzeigen

In den Entwürfen - Versuchen - stecken
Wahnsinn und Vernunft. FRIEDEN FRIEDEN FRIEDEN!

Armin Münch fügt verschiedene Ebenen zu einem Bild, zum Zyklus „Greifswald April 1945", so entsteht eine künstlerische Dokumentation voller Dramatik und Intensität – sowohl in historischer als auch in künstlerischer Hinsicht:

Zahlreiche Personen (reale und fiktive) werden lebendig.

So liegen in der **Porträtmappe** des Zyklus` 98 Studien vor, darunter

- **Oberst Schwerdmann**
  (Kommandeur des Flugplatzes Ladebow)
- **Oskar Lehmann** (Kraftfahrer der Parlamentäre)
- **Professor Engel** und **Professor Katsch**
  (Universität Greifswald)
- **Oberst Petershagen** (Stadtkommandant)
- **Angelika Petershagen**
- **Major Schönfeld** (Adjudant von Petershagen)
- **Oberst Wurmbach**
- **Greifswalder Bürger**
  (Juristen, Pastoren, Handwerker, Arbeiter…)
- **Panzerfaustpimpfe**
- **Panzerfahrer**
- **Matussow**
  (Dolmetscher der Parlamentärgruppe)
- **Oberst Sineoki** (Militärkommandant in Greifswald).

Situationsstudien (eine Auswahl), chronologisch aufgelistet, stellen die Etappen des Geschehens plastisch und eindringlich dar:

- „Panzersperrenbau"
- „Panzerfausttrupp in der Nacht"
- „Die Mütter"
- „Wurmbach bei Katsch"
- „Anklam brennt"
- „Die Parlamentärgruppe um Mitternacht am Moeckowberg vor dem
  T-34
  (29. April 1945)"
- „Verhandlung in Anklam (30.April 1945)"
- „Kampf im Kirchturm"
- „Marienkirche 28.4.1945"
- „Theaterkeller"
- „Erste Begegnung im Rathaus (Petershagen mit sowjetischem General
  Ljastschenko, 30. April 1945)"
- „Marktplatz Greifswald - Vorbei der Krieg"

In den **Mappen 1 bis 5** sind 72 Zeichnungen als Situationsvarianten zusammengestellt – Varianten im Bildaufbau und in der Wahl der Technik (Feder – Lithographie – Holzschnitt):

Mappe 1 – 15 Zeichnungen
Mappe 2 – 16 Zeichnungen
Mappe 3 – 15 Zeichnungen
Mappe 4 – 13 Zeichnungen (Holzschnittvorlagen)
Mappe 5 – 13 Zeichnungen und Titelblatt

In einer **Quellenmappe** befinden sich u.a. Fotos von Protagonisten, Zeitungsartikel, Notizen zur Geschichte sowie handschriftliche Bemerkungen zur Planung und Gliederung.

Ich stand vor der Herausforderung, aus der Fülle der Zeichnungen auszuwählen. Das Ergebnis besteht in der Vorstellung wichtiger Protagonisten in Form von Porträts und in einem Doppelporträt von Angelika und Rudolf Petershagen in unterschiedlichen Techniken. Darüber hinaus entschied ich mich für Graphiken, die die Chronologie der Ereignisse nachvollziehbar machen.
Mir war es wichtig, verschiedene graphische Varianten und ihre unterschiedliche Wirkung exemplarisch zu dokumentieren.

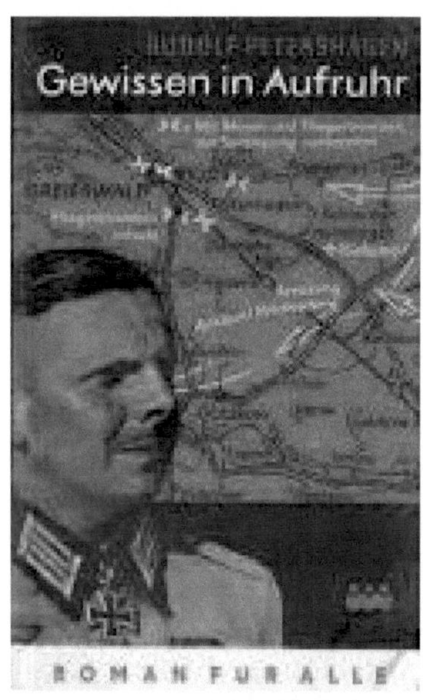

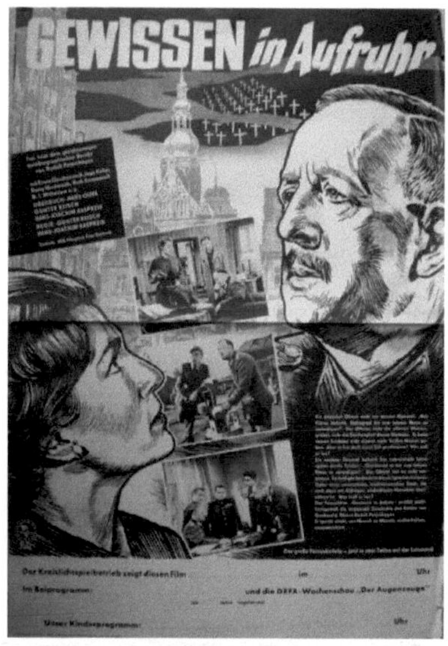

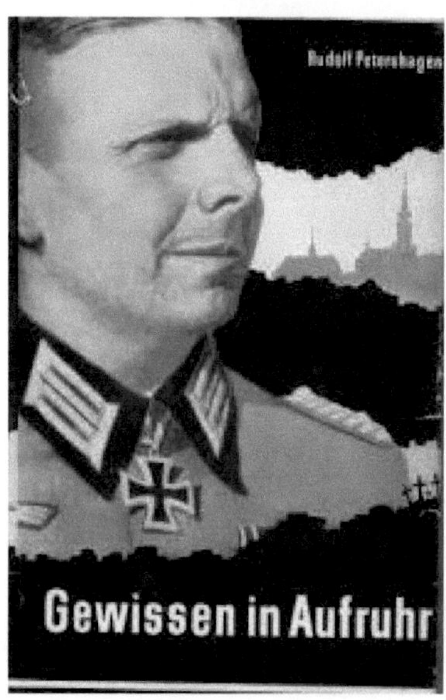

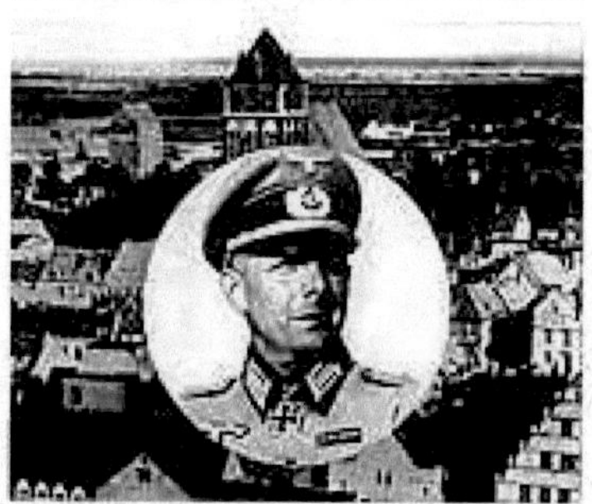

Buchcover „Gewissen in Aufruhr" und Plakat zur Verfilmung

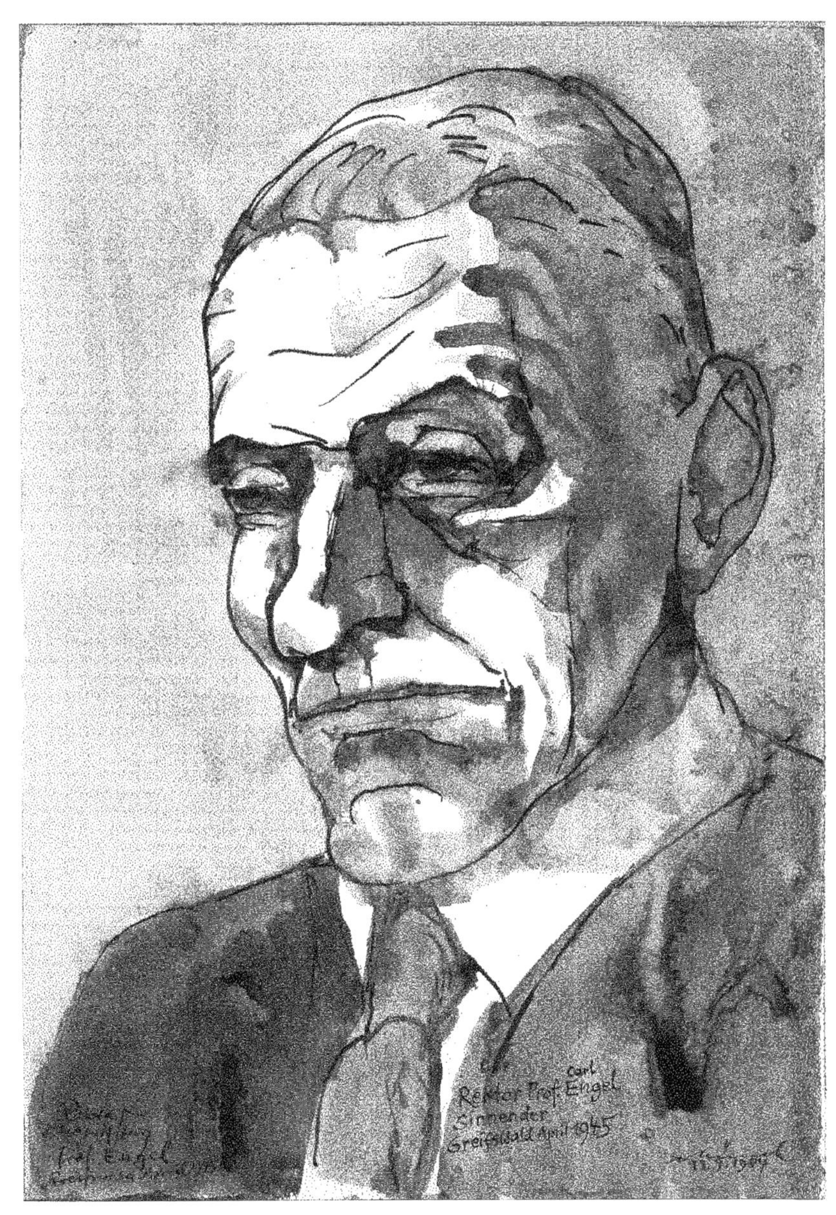

Professor Carl Engel, Rektor der Universität

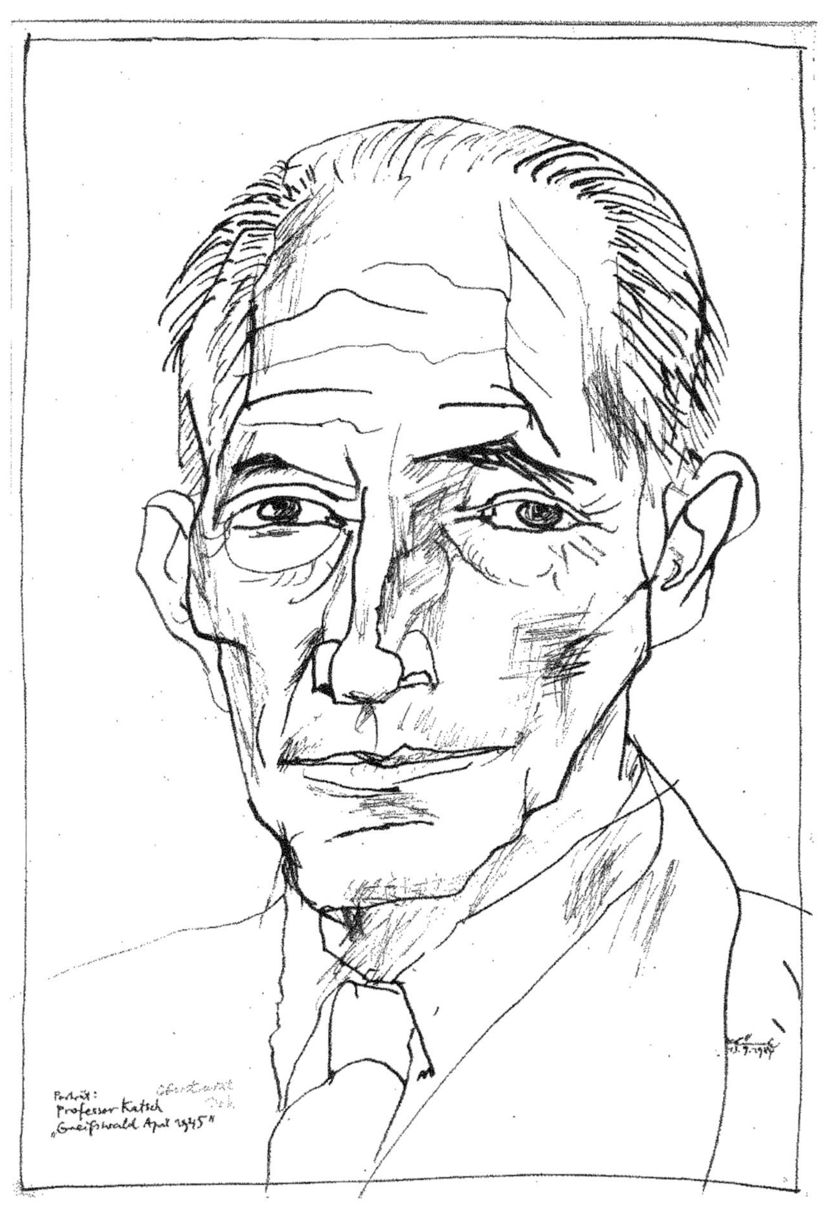

Professor Gerhard Katsch, Leiter der Universitätsklinik

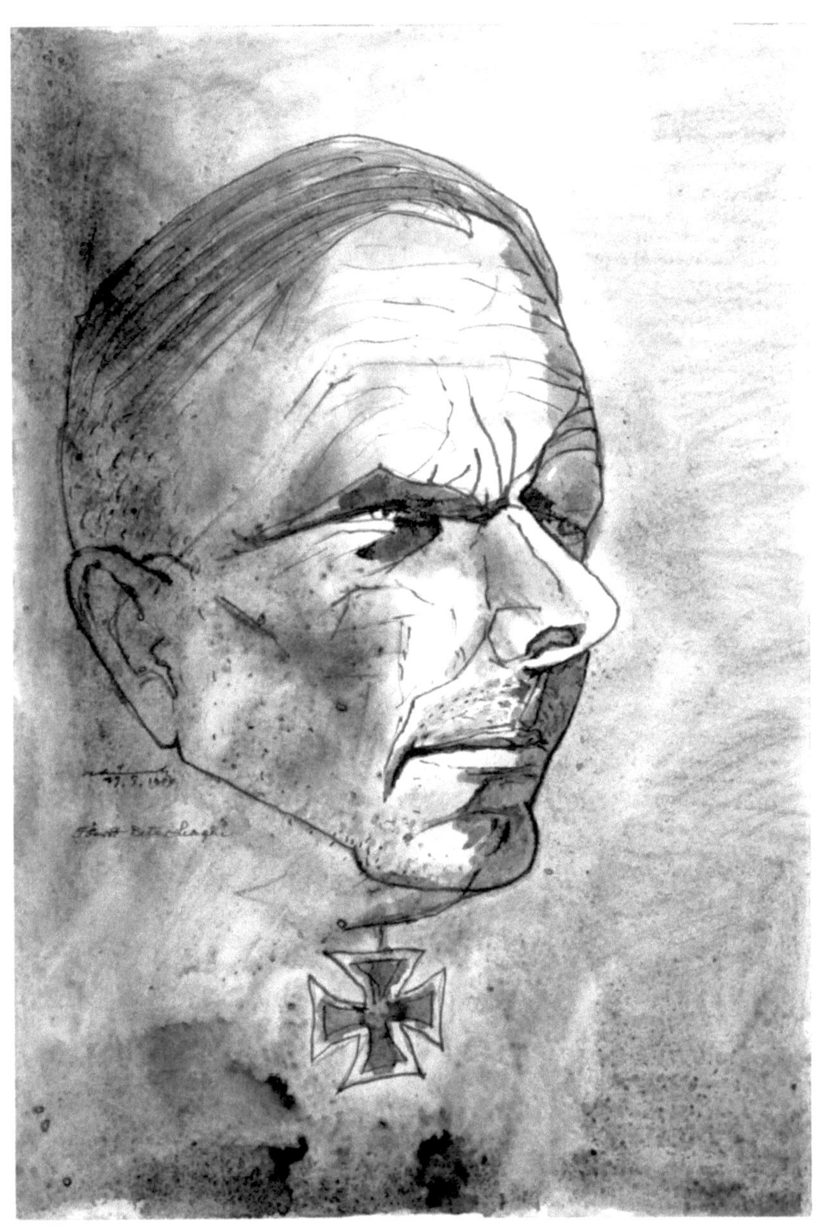

Oberst Rudolf Petershagen, Greifswalder Stadtkommandant

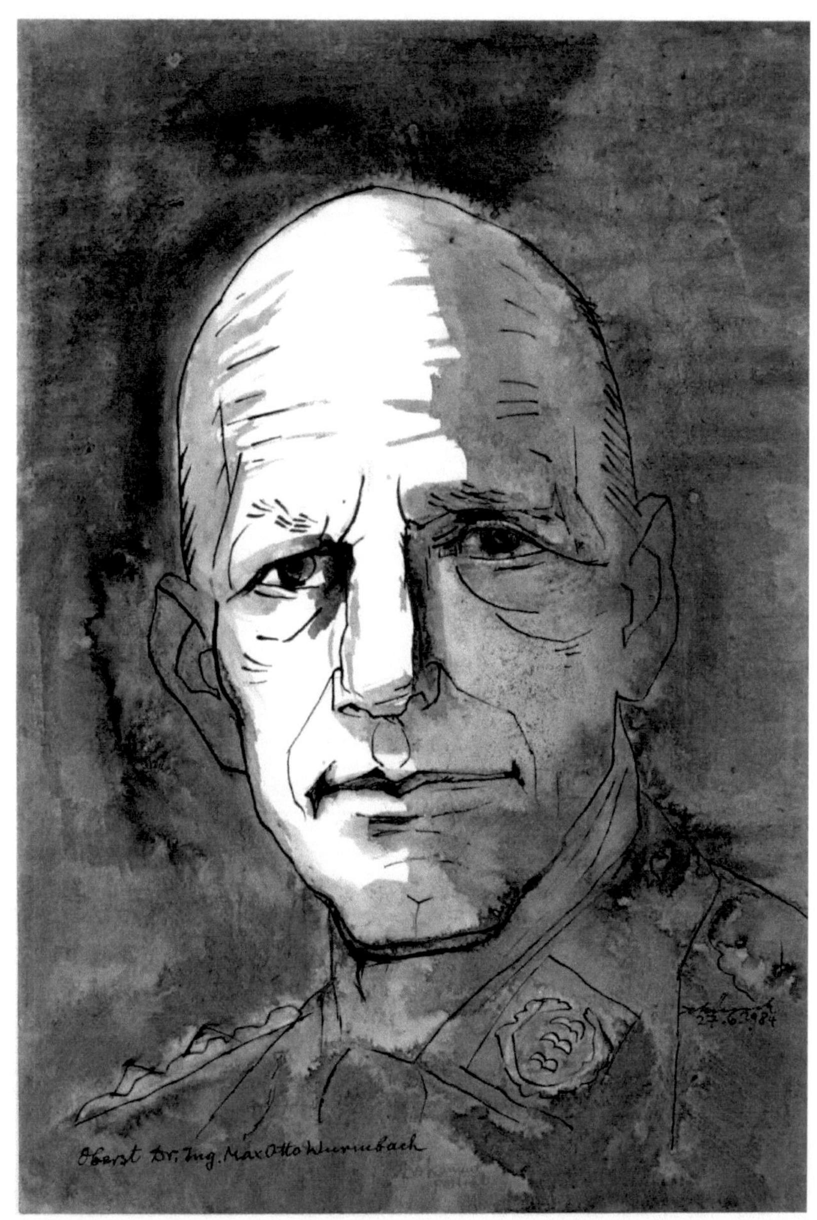

Oberst Max Otto Wurmbach

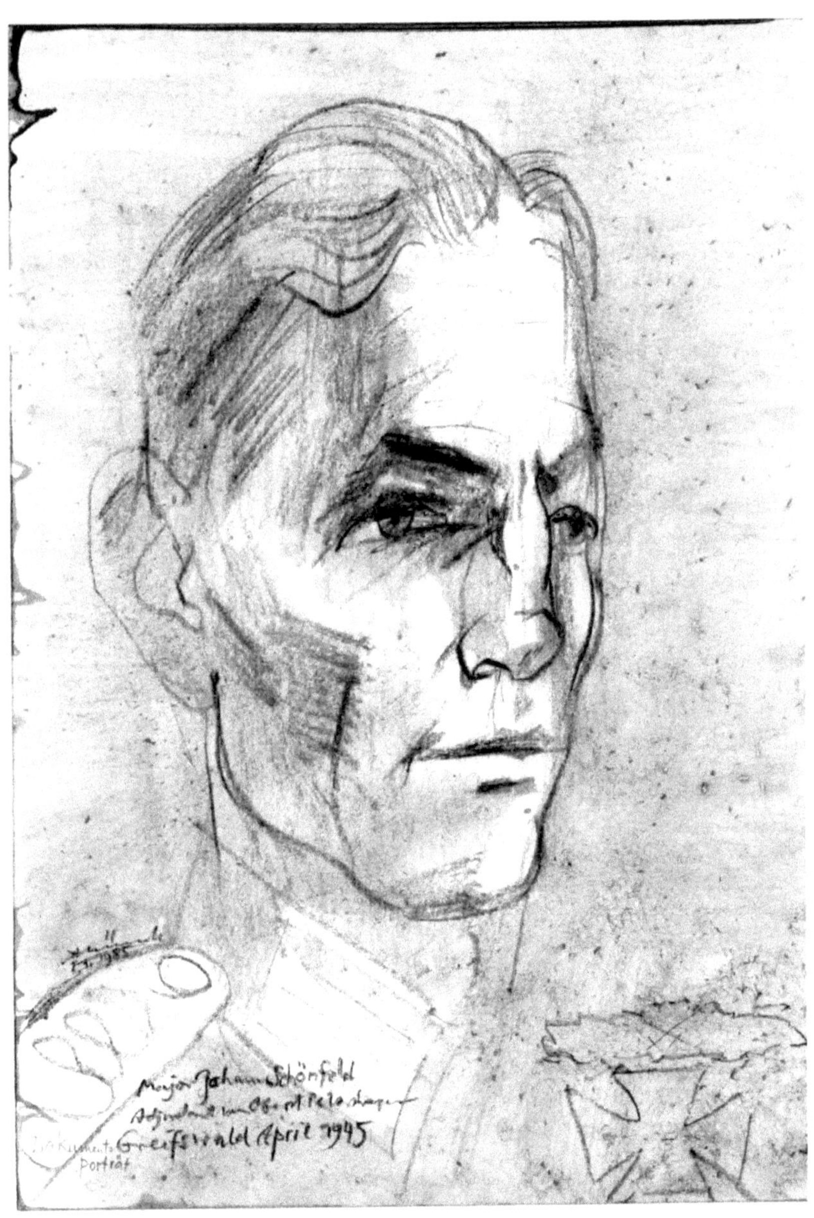

Major Johann Schönfeld, Adjudant von Petershagen

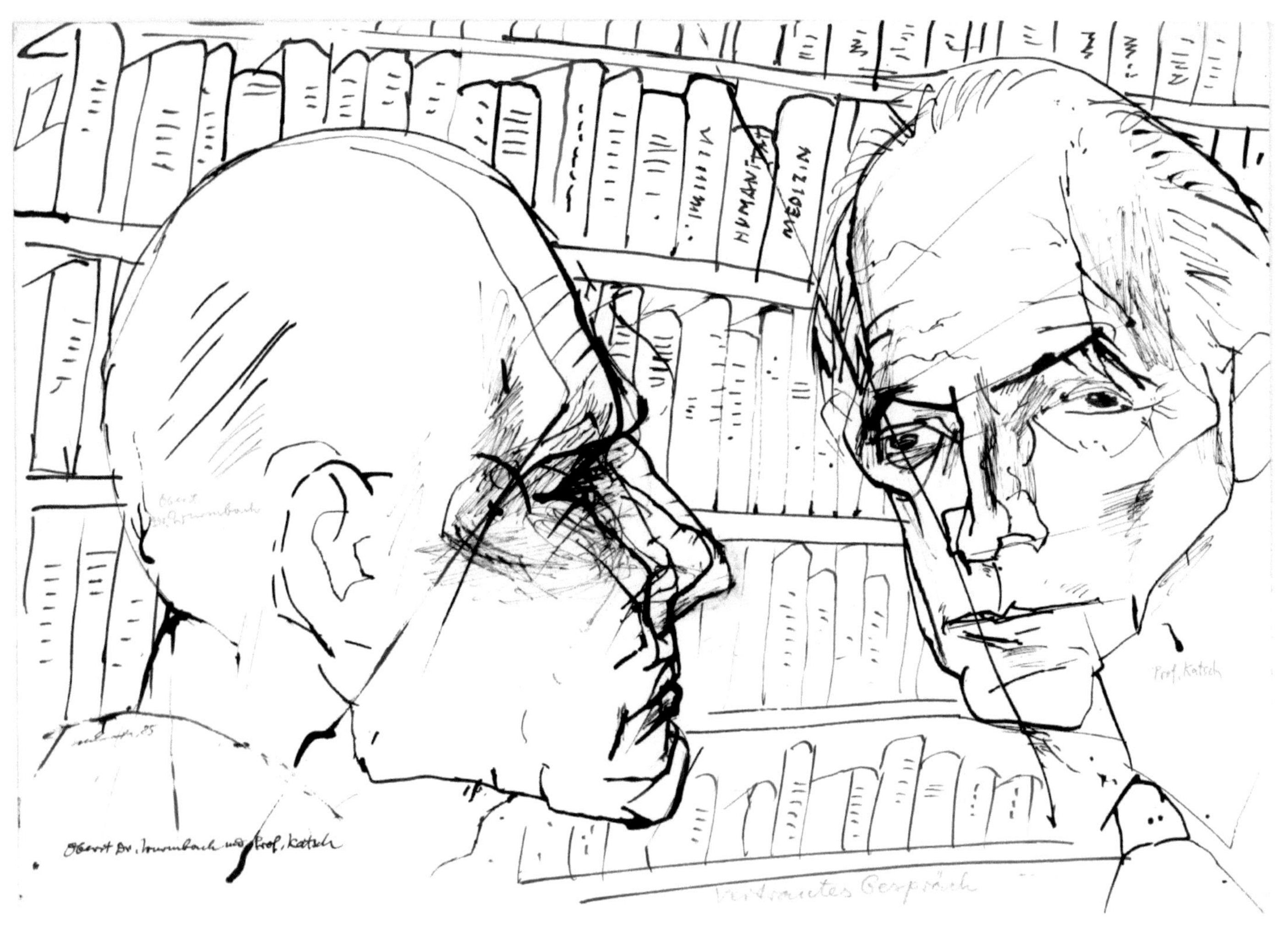

Oberst Wurmbach bei Professor Katsch

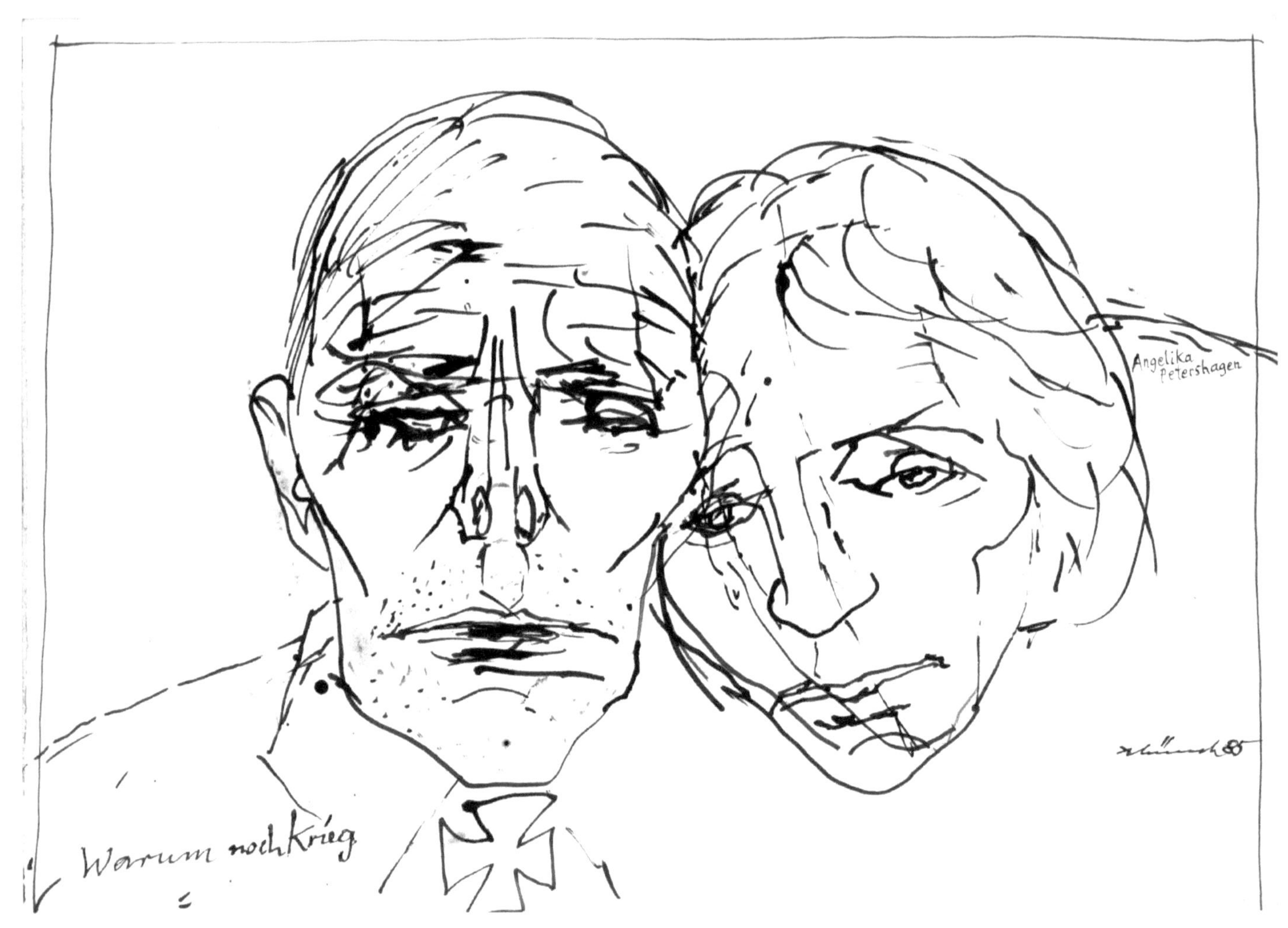

Doppelporträt Angelika und Rudolf Petershagen 1

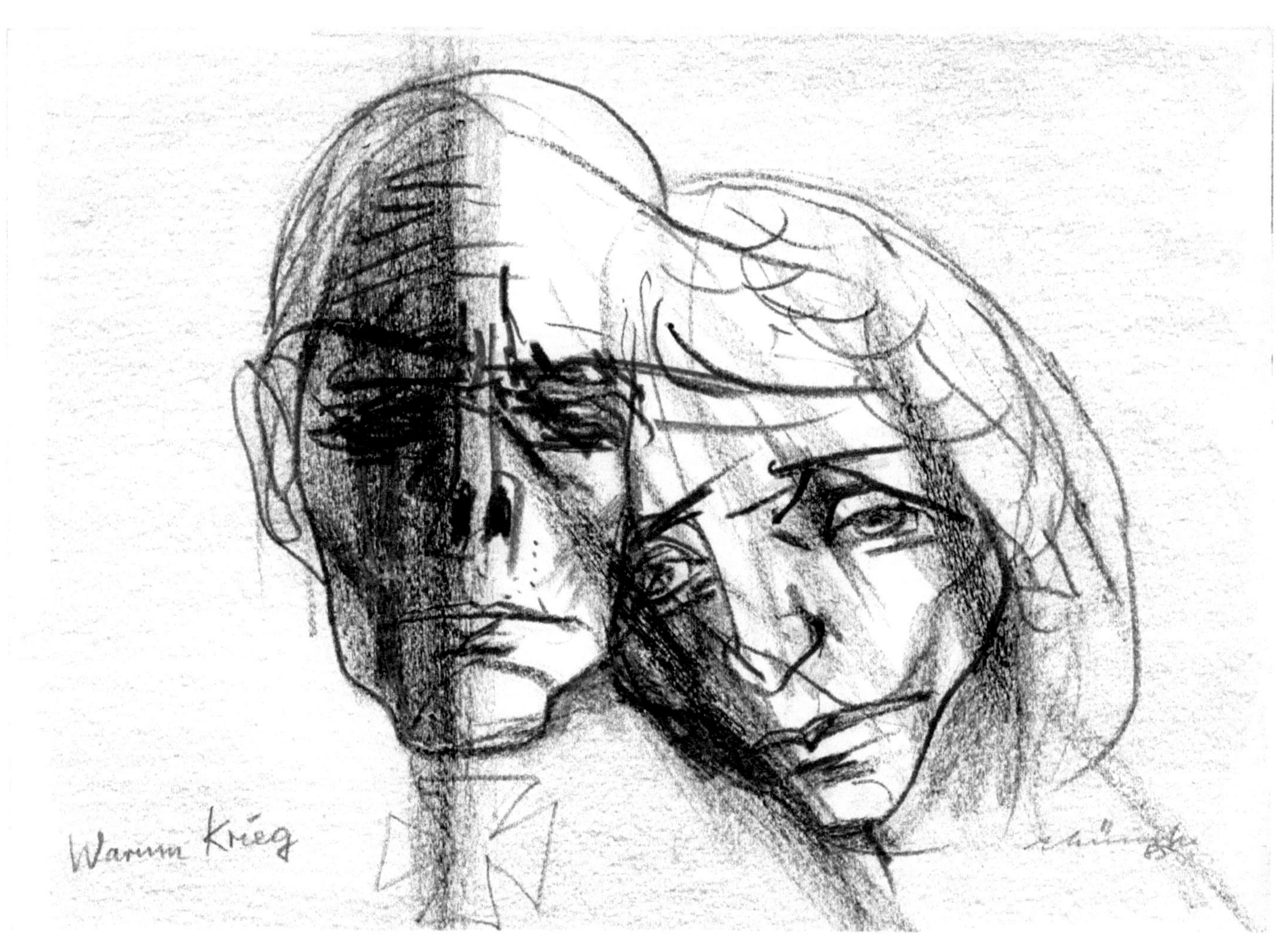

Doppelporträt Angelika und Rudolf Petershagen 2

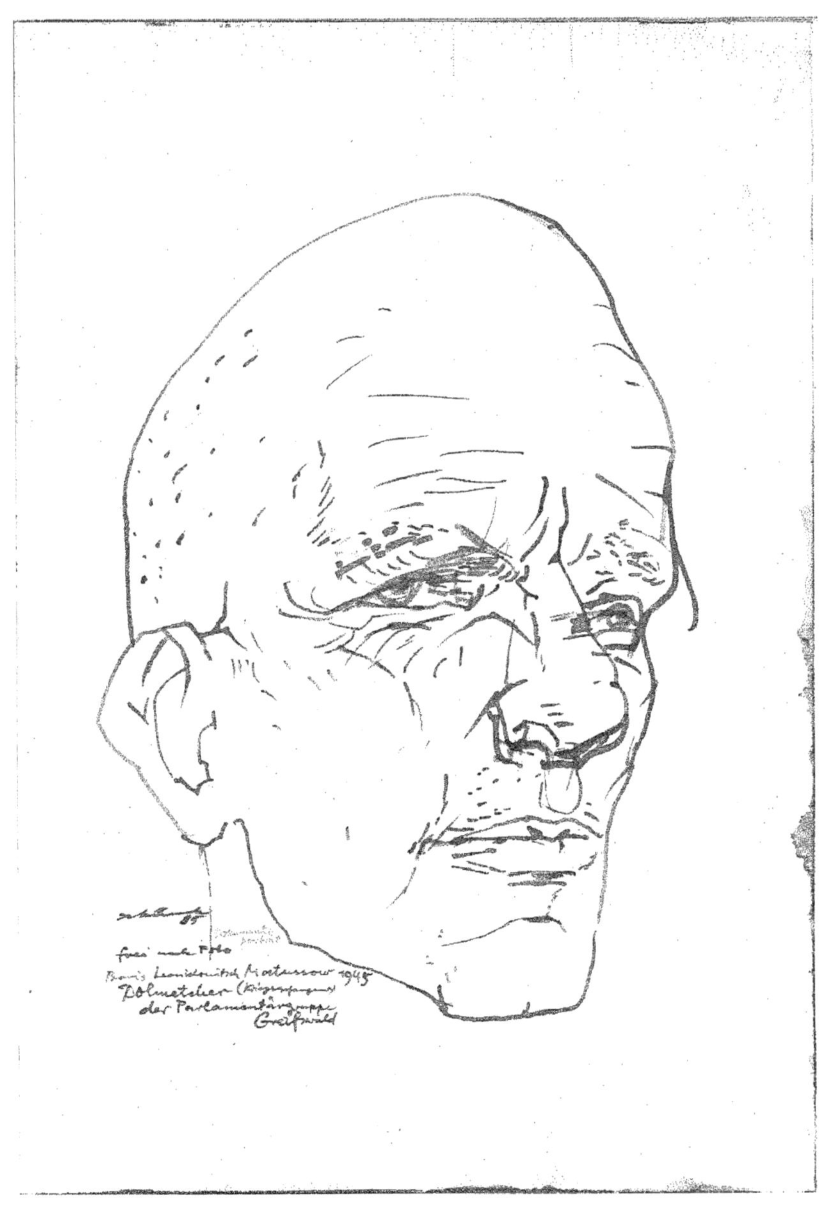

Boris Matussow, Kriegsgefangener, Dolmetscher der Parlamentäre

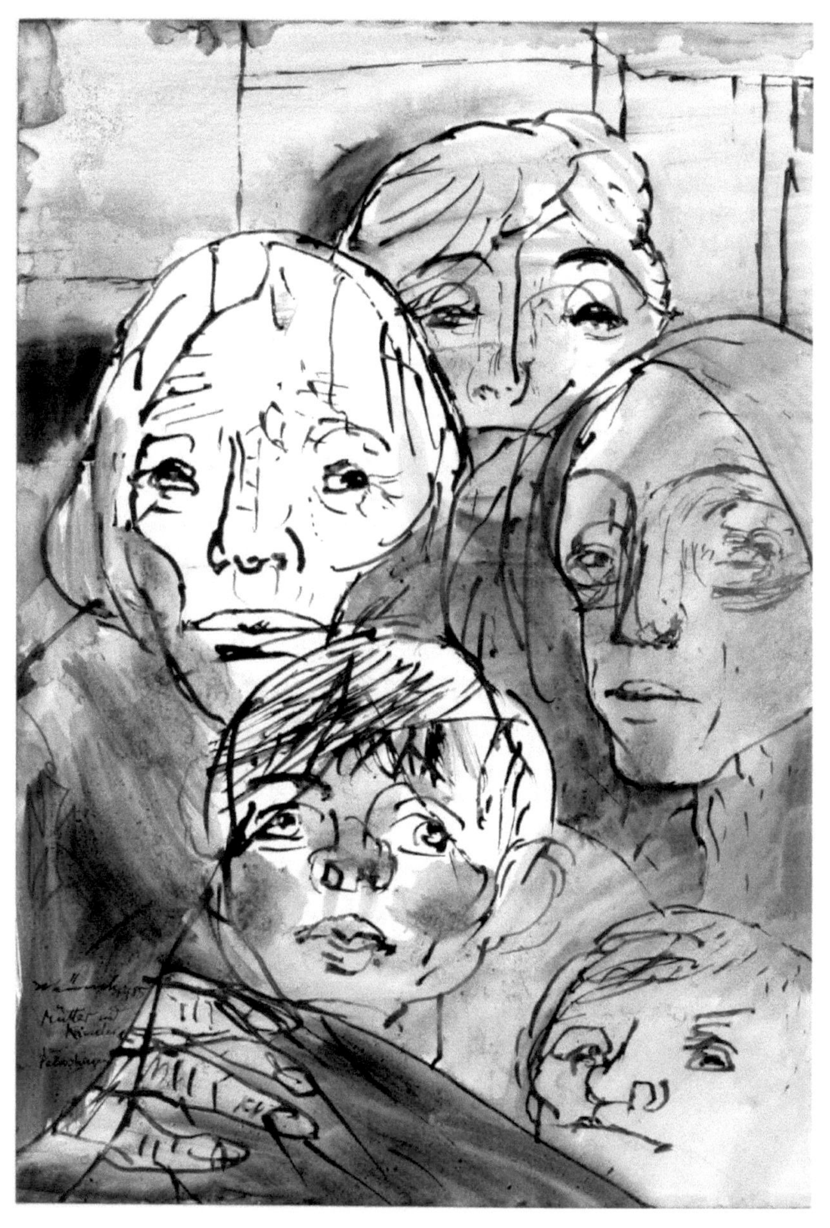

Die Mütter

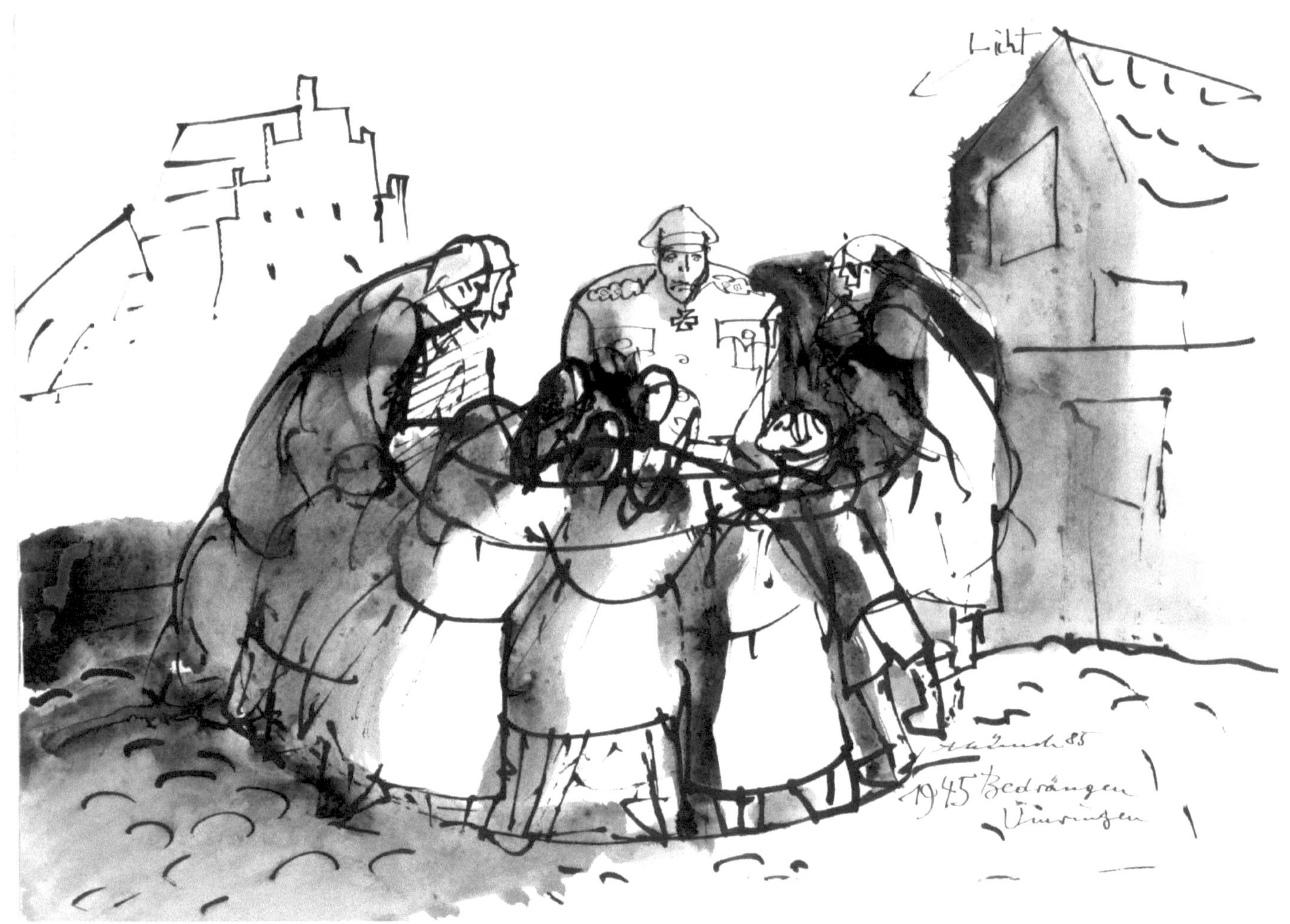

Bedrängen

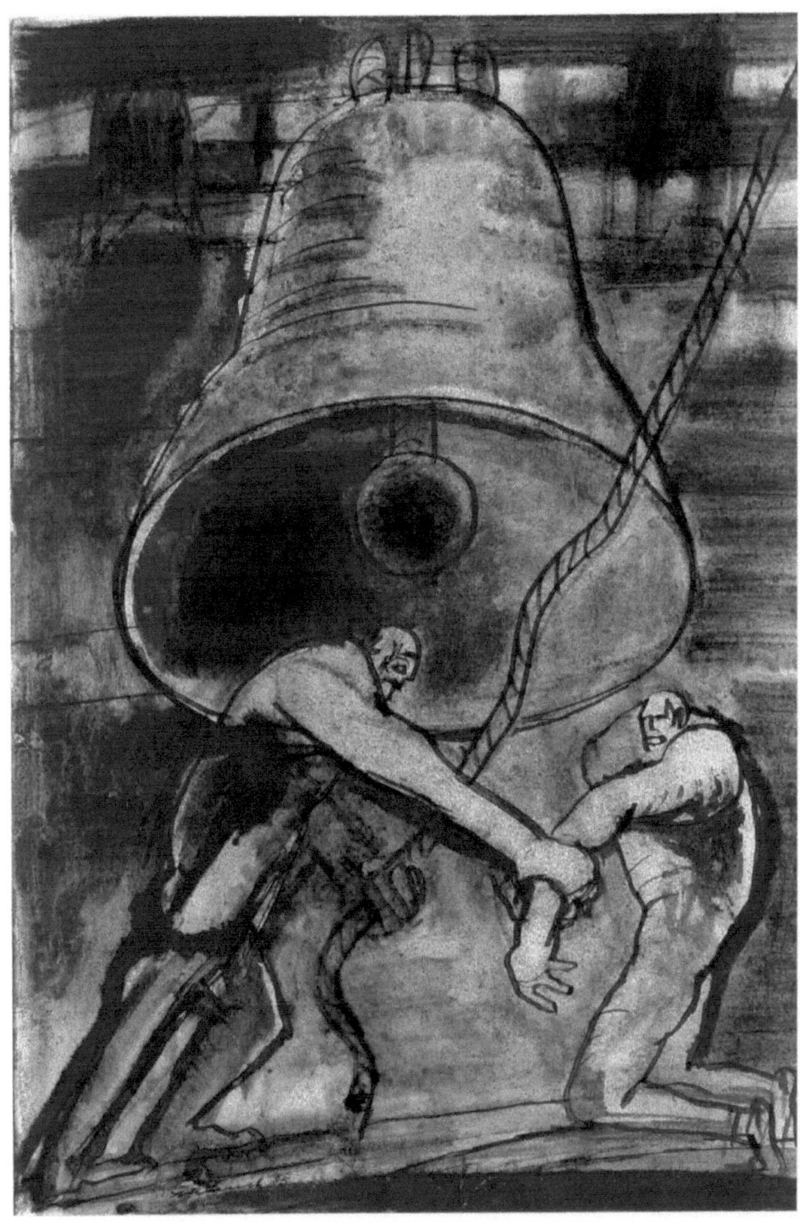

Kampf unter der Glocke (Marienkirche)

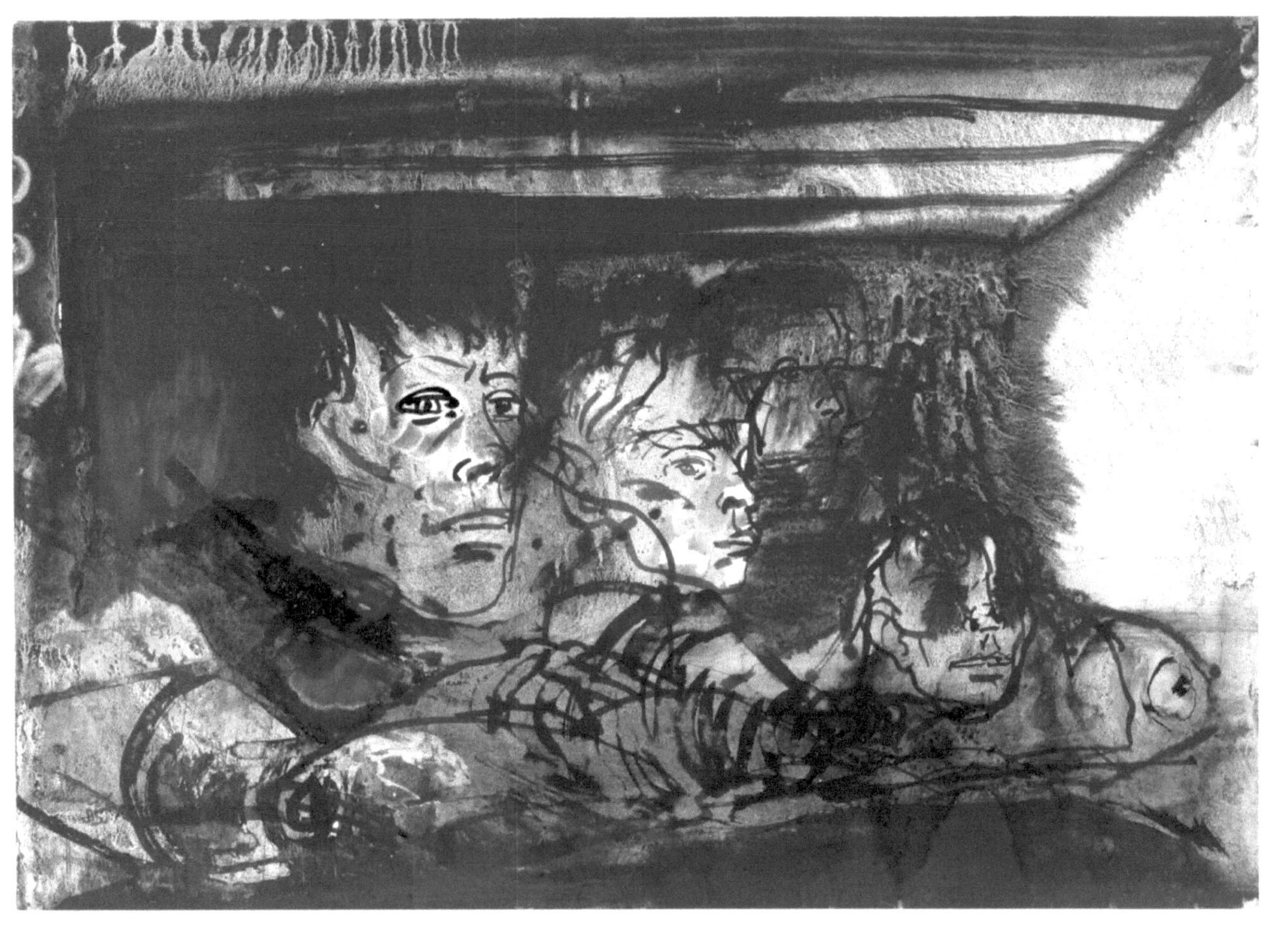

Theaterkeller – verschanzte Panzerfaustpimpfe

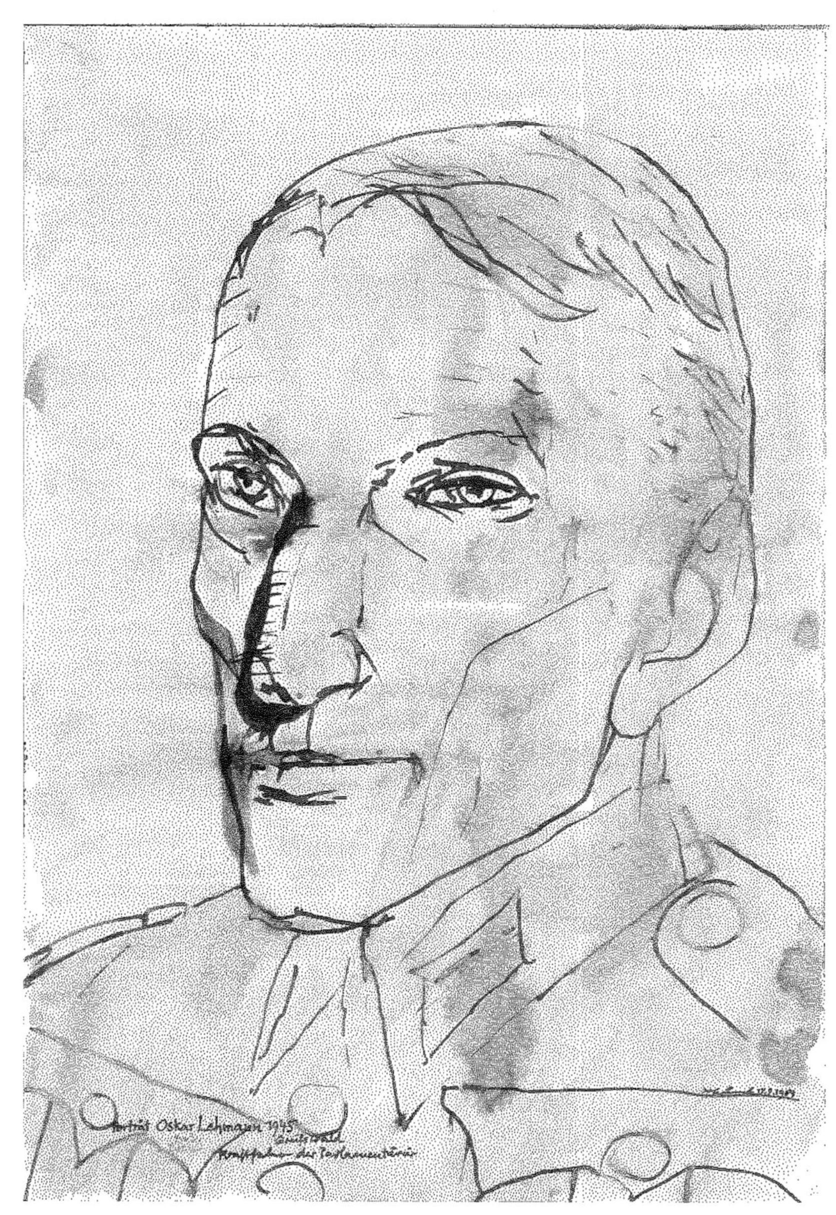

Oskar Lehmann, Kraftfahrer der Parlamentäre

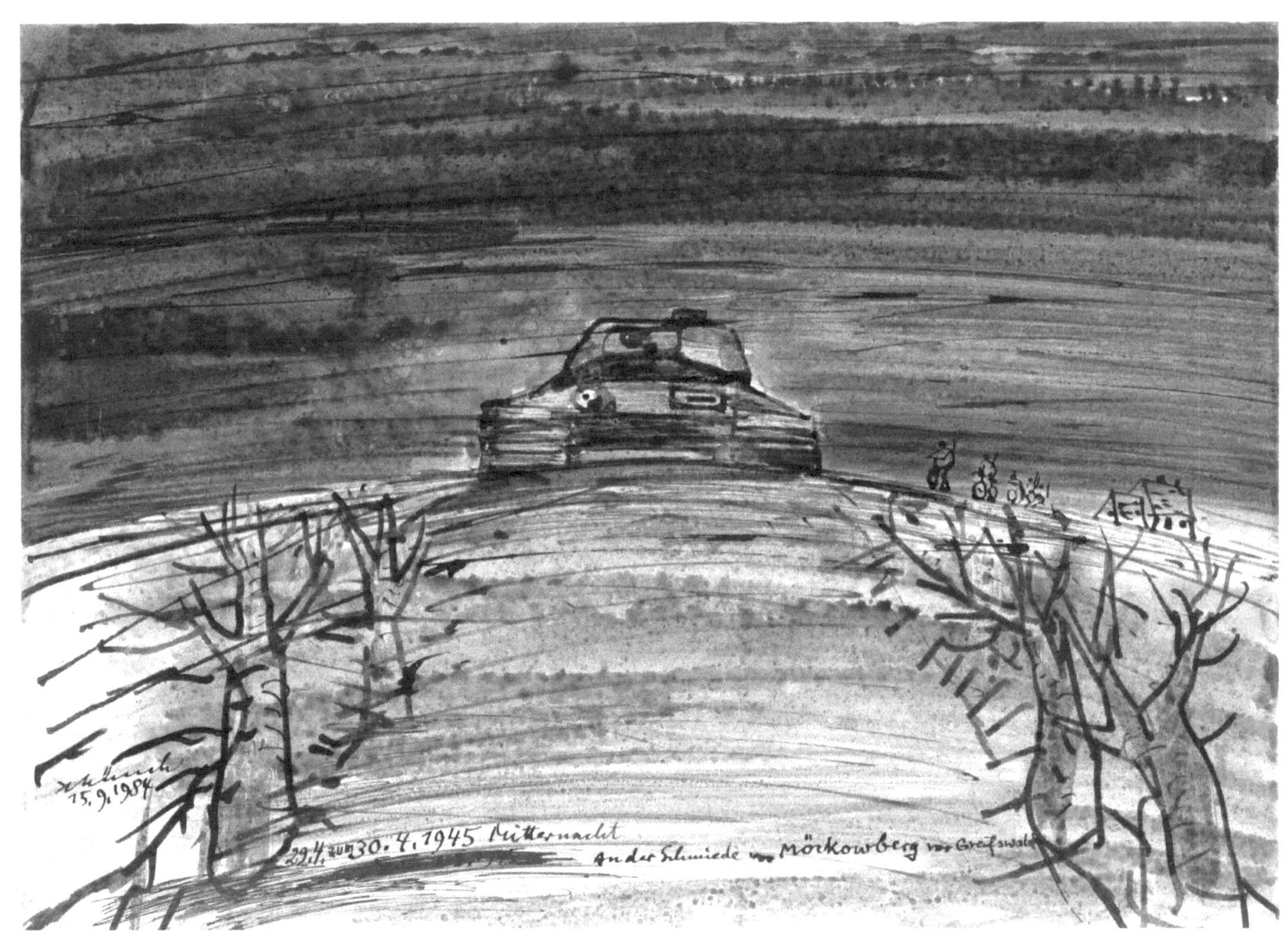

Um Mitternacht am Moeckowberg vor dem T-34

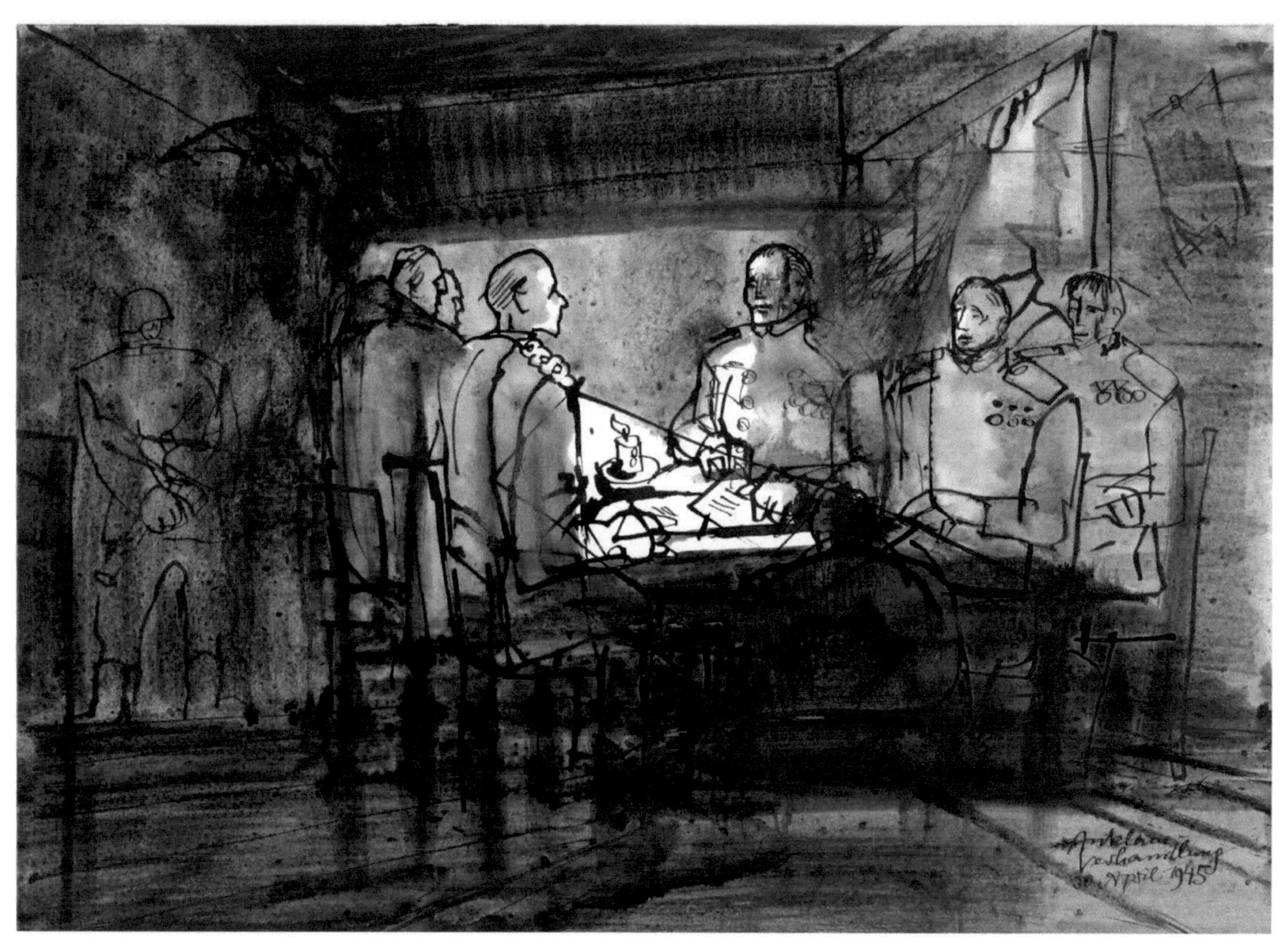

Verhandlung in Anklam

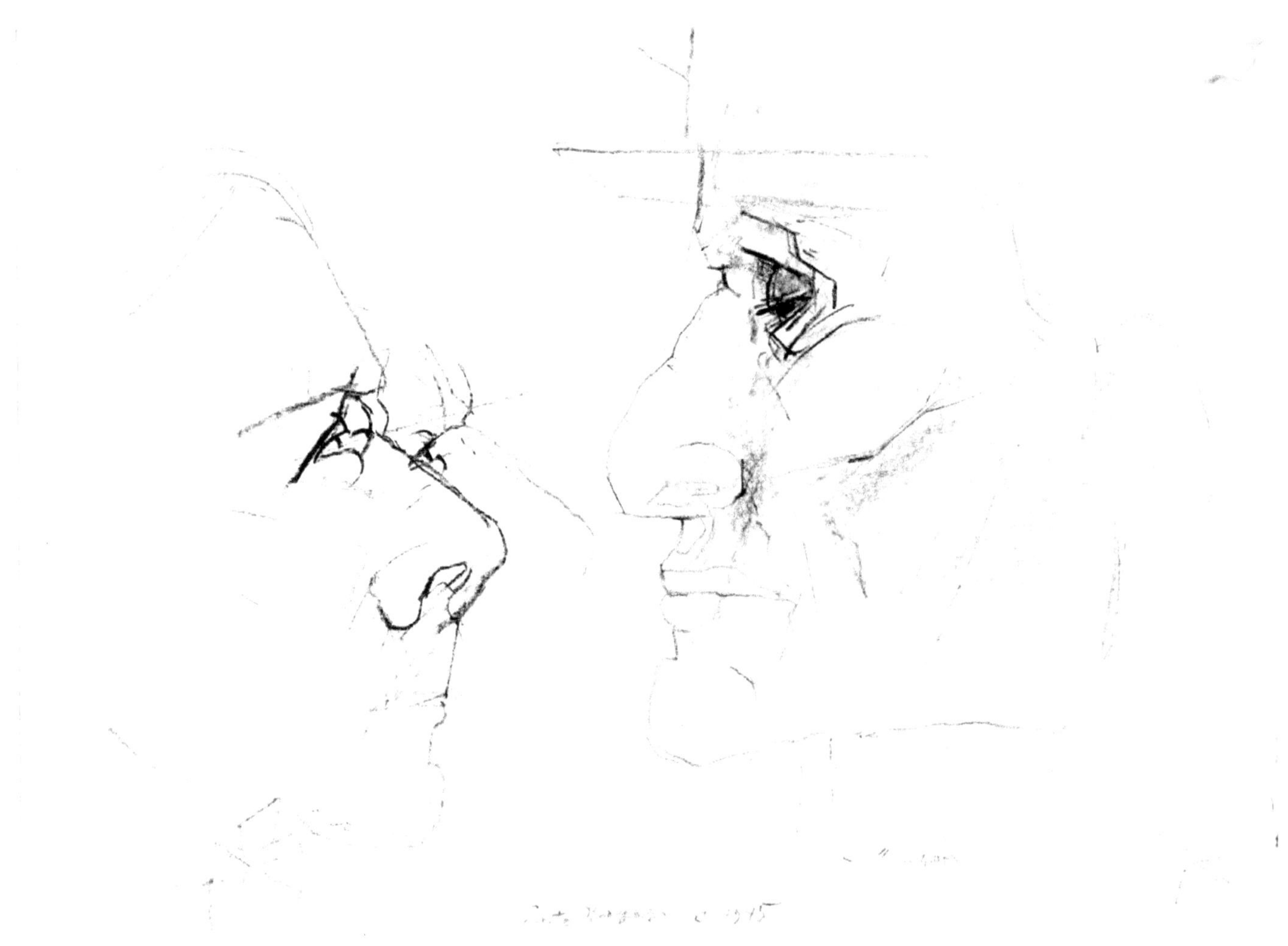

Erste Begegnung im Rathaus

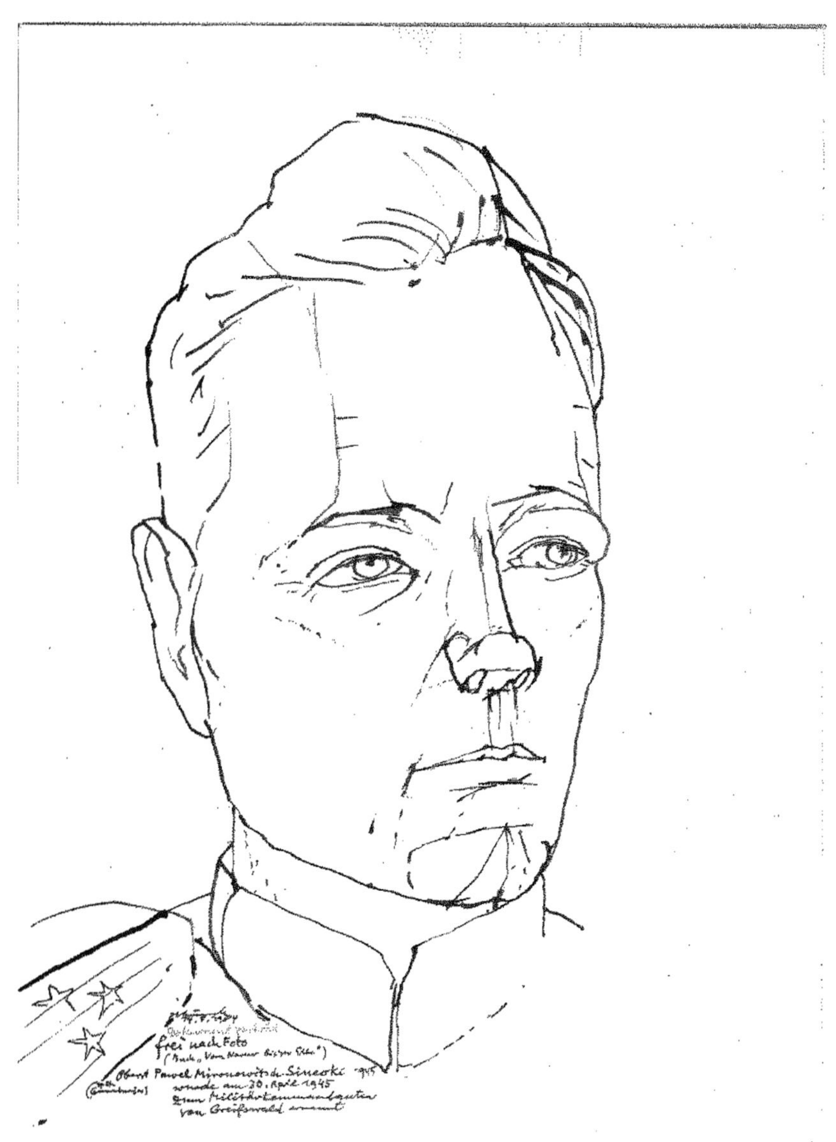

Oberst Pawel Mironowitsch Sineoki, 1. sowjetischer Stadtkommandant

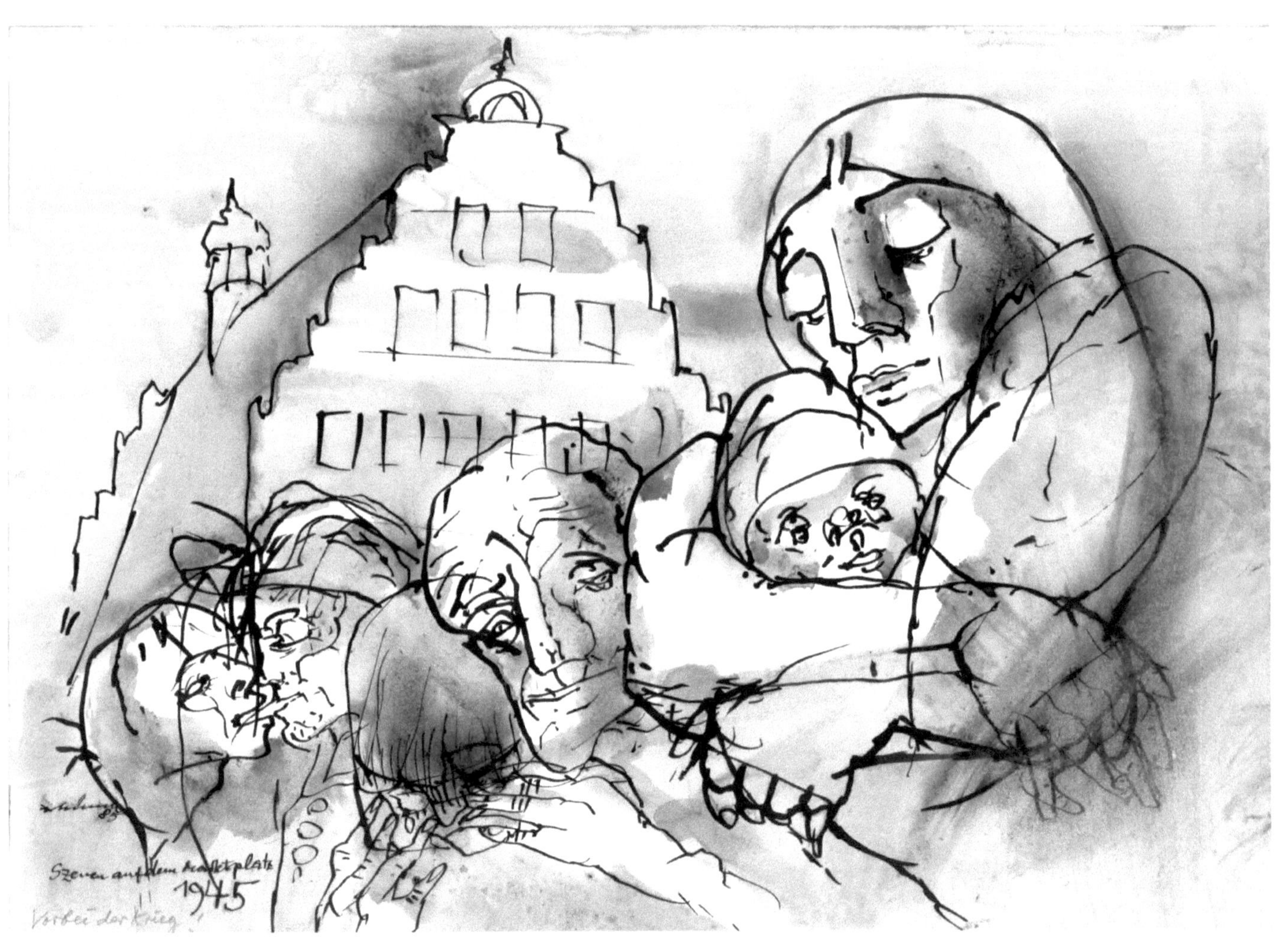

Szenen auf dem Marktplatz

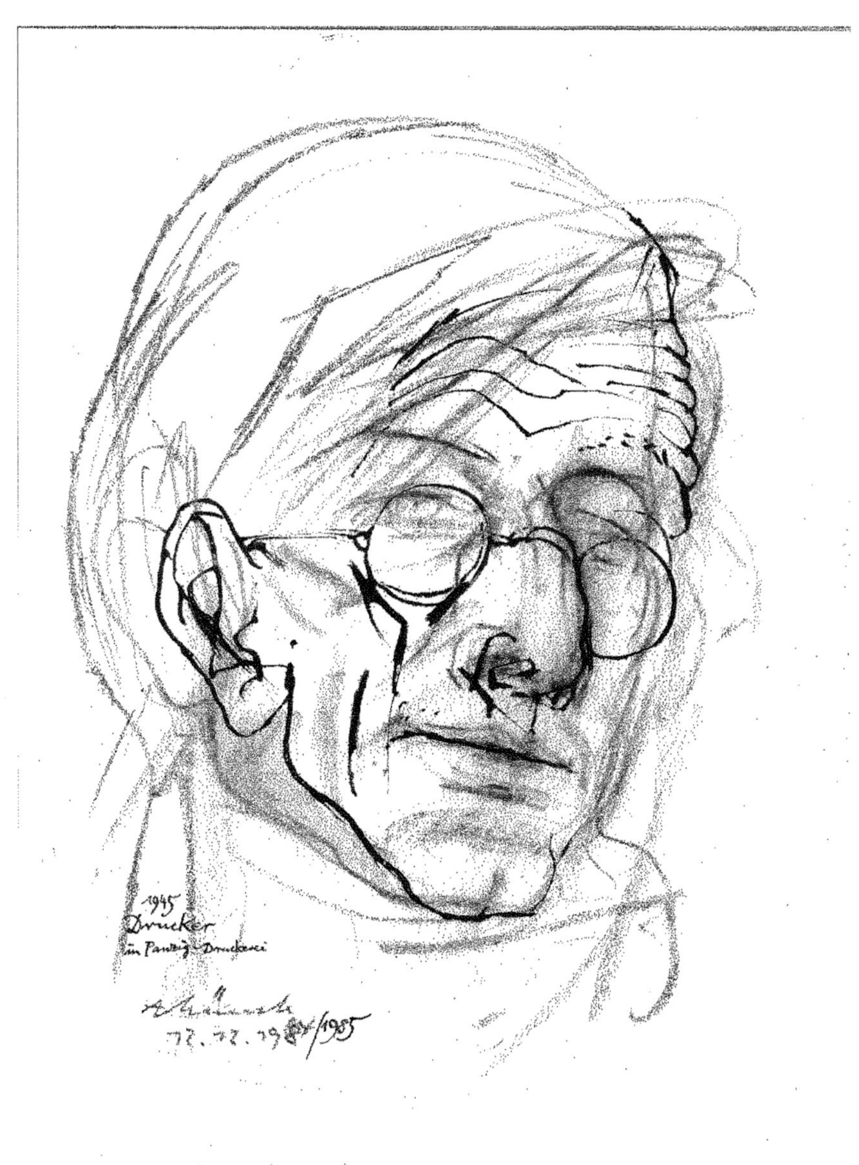

Drucker in Panzig Druckerei

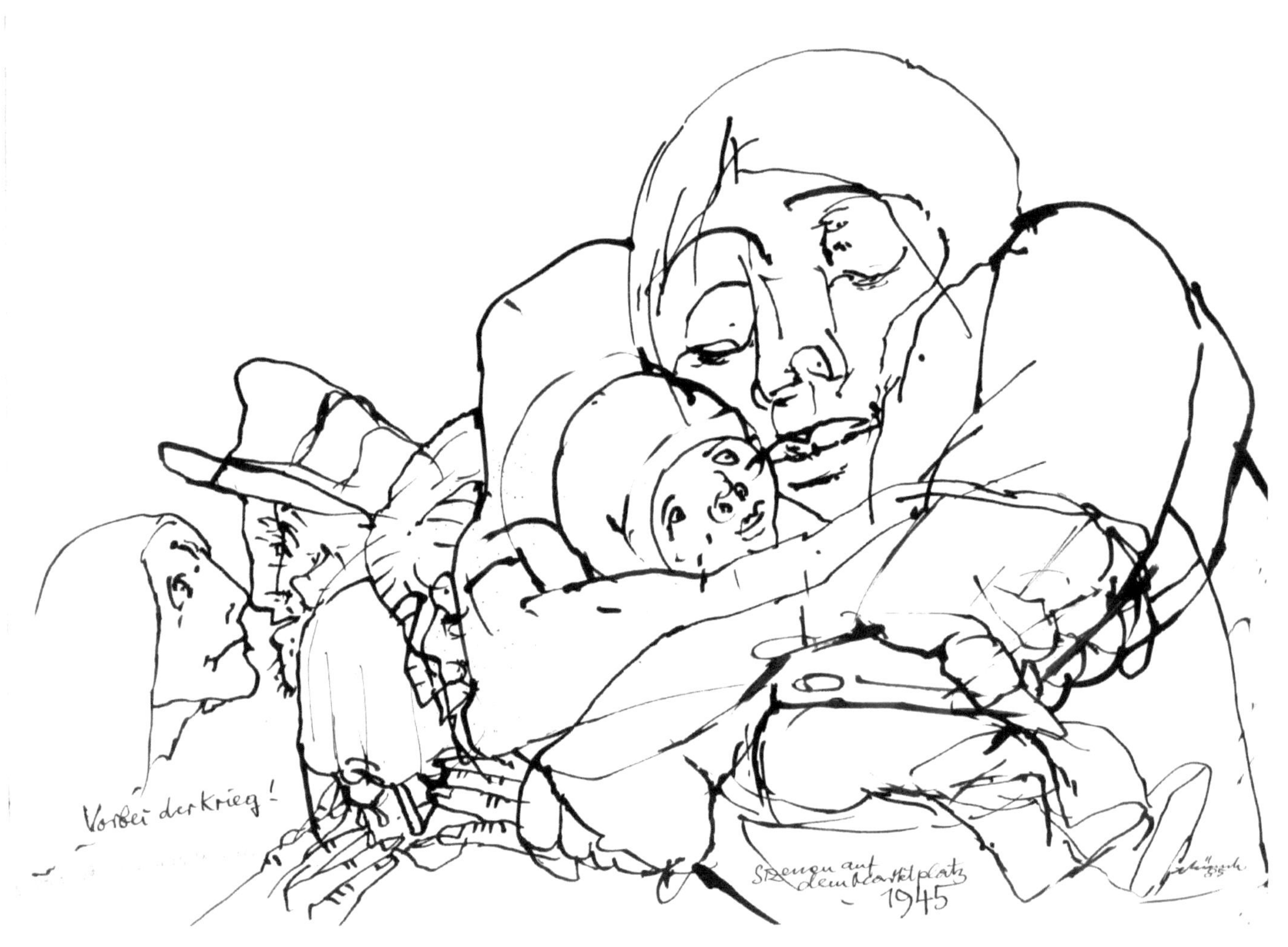

Vorbei der Krieg!

Bekanntmachung!

Ich habe die Stadt Greifswald zu folgenden Bedingungen kampflos übergeben:

1. Es darf kein Schuß in der Stadt fallen.
2. Jedes Plündern ist untersagt.
3. Alle Schußwaffen sind bis heute, 20 Uhr, im Rathaus abzugeben.
4. <u>Wird eine dieser Bedingungen gebrochen, sind diese Vereinbarungen null und nichtig.</u>

Russischerseits ist zugesichert worden:

1. Die Stadt erhält keine russische Besatzung.
2. Das gesamte Leben geht weiter wie bisher unter deutscher Verwaltung.
3. Die Läden bleiben geöffnet und verkaufen weiter zu den gleichen Preisen; die Mark bleibt Zahlungsmittel.
4. Universität u. Schulen erteilen weiter Unterricht.
5. Die staatlichen und städtischen Forstbeamten behalten die Jagdwaffen. Die Polizei trägt im Dienst die blanke Waffe.

Greifswald, den 30. April 1945

gez. Petershagen
Oberst und Kommandant

Aufruf!

Es wird sofort eine Schutzwacht gebildet, um die Ordnung zu sichern und die verbliebenen Werte zu schützen.

Meldet Euch um 14 Uhr im Rathaus.

Der Dienstbetrieb wird in vollem Umfang aufrechterhalten. Jeder hat auf seinem Arbeitsplatz wie bisher zu erscheinen.

Es wird nochmals darauf hingewiesen, daß jede Plünderung standrechtlich verfolgt wird. Die geplünderten Sachen sind unverzüglich zurückzugeben.

Greifswald, den 30. April 1945

Der Oberbürgermeister
gez. I. V. Remertz

Bei den Detonationen im Laufe des heutigen Tages handelt es sich um von den abziehenden Truppen vorbereitete Sprengungen, die nicht mehr abgestellt werden konnten. Es besteht kein Grund zur Besorgnis. — Die Bevölkerung wird im übrigen weiter über den Gang der Dinge unterrichtet werden.

Julius Abel, G.m.b.H., Greifswald

Bekanntmachung vom 30. April 1945

Mein besonderer Dank gilt Paul Kroll, der mich bei der Planung und durch das Bereitstellen von umfangreichem Material stets unterstützt hat.
Danke an Jens Kirsch, der mir bei allen drucktechnischen Vorbereitungen beratend zur Seite stand.
Danke an Marianne Münch, die mir gestattete, Arbeiten ihres Mannes zu publizieren.

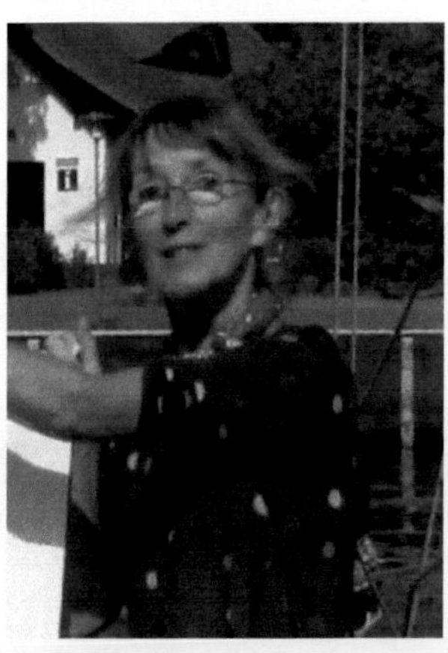

Dr. Monika Multhauf
Greifswald 2020

„1976 Komme nach Greifswald
 Interessiere mich zur Greifswalder Stadt-Historie
Lese Rudolf Petershagen: „Gewissen in Aufruhr"
Als Zeichner sehe ich sofort BILDER! BILDER!!!"

Armin Münch